Peter Steuer

Yves Klein und seine Performance der Anthropometrien

GRIN Verlag

Inhalt

Einleitung

In der folgenden Arbeit werde ich den Künstler Yves Klein und seine Performance der Anthropometrien vorstellen, analysieren und interpretieren. Hiermit hoffe ich einen besseren Zugang zu der Aktion erzeugen zu können, die oft als „Antikunst" bezeichnet und abgewertet wird. Fakt ist aber, dass hinter Kleins Aktion vielmehr steckt, als ein paar Abdrücke auf einer Wand, die heute eine Menge Geld wert sind, was bei den meisten Menschen in unserer Gesellschaft für Entsetzen sorgt. Warum die Bilder von Klein aber zurecht den heutigen Preis erreichen, und als „Kunst" bezeichnet werden, werde ich in den folgenden Seiten vermitteln.

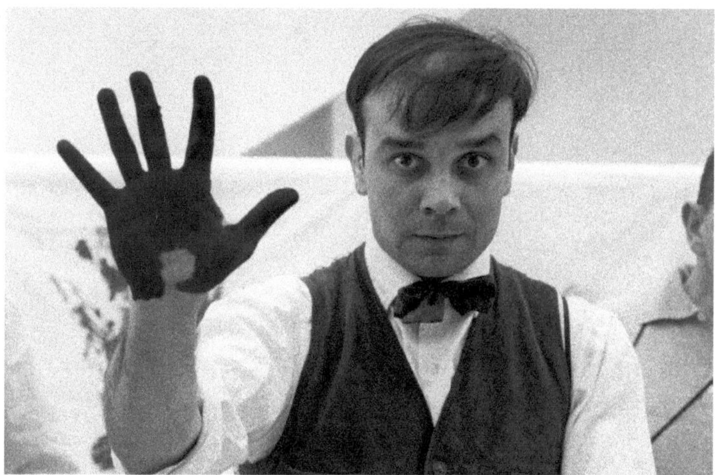

Abb. 1: Yves Klein

Der Künstler Yves Klein

Der französische Bildhauer, Maler, Fotograf und Mitbegründer des Nouveu Réalisme Yves Klein, wurde am 28. April 1928 in Nizza geboren. Er gilt als der erste Performance Künstler und Wegbereiter der Pop-Art. Künstler wollte er zuerst nicht werden, da beide Elternteile das schon waren.

Sein Leben lang war der Franzose auf der Suche nach der Perfektion und Unendlichkeit[1]. Diese fand er kurz nach seiner Schulzeit im Judo. Um sein Talent unter Beweis zu stellen, wanderte Klein nach Tokyo aus und schrieb sich am berühmten Judo-Institut Kodokan ein. 15 Monate später kam Yves Klein mit einer der höchsten Auszeichnungen in diesem Sport zurück und eröffnete eine Judoschule, welche allerdings nicht den Erfolg erreichte den er sich erhofft hatte. In dieser Zeit fand er einen neuen Weg seine Ideen und seine Suche nach der Perfektion zu realisieren. Er nutze die Malerei, um die Unendlichkeit zu visualisieren[2]. Zuerst malte er mit mehreren Farben, bevor er sich auf einen ganz bestimmten Blauton spezialisierte. Schon mit 18 Jahren faszinierte ihn das Blau des Himmels. Als er im Gras lag sah er in der Farbe des Kosmos' die Unsterblichkeit und damit verbundene Unendlichkeit. Heute ist, die von ihm patentierte Farbe Ultramarineblau, welche der Färbung des Himmels, seinem Empfinden nach, ähnlichsehen soll, nach ihm benannt und auch unter dem Namen „International Klein Blue (IKB 191)" bekannt. Mittlerweile werden seine Werke im Millionenbereich gehandelt, so ist 2012 das Bild FC1 für 36 Millionen Dollar verkauft worden[3].

Neben der Malerei komponierte er 1949 seine monotone Symphonie, die allein aus einem monotonen D-Dur Akkord besteht[4]. Klein selbst beschrieb sein Werk als das, was er aus seinem Leben machen wollte[5]. Am 6. Juni 1962 starb Yves Klein in Paris an den Folgen eines Herzinfarkts.

---

[1] Internetquelle 1
[2] Internetquelle 2
[3] Internetquelle 3
[4] Internetquelle 4
[5] Internetquelle 5

Am 9. März 1960 fand die Performance „Anthropometries de l'epoque bleu", von Yves Klein in der angesehenen Galerie „International d'art contemporain de Paris", in Paris statt. Die Aktion wird in einem großen, einfach gestaltetem Raum durchgeführt. Eine große Leinwand steht senkrecht zu einer Weiteren, welche den Boden bedeckt. Auf der einen Seite ist das Or-

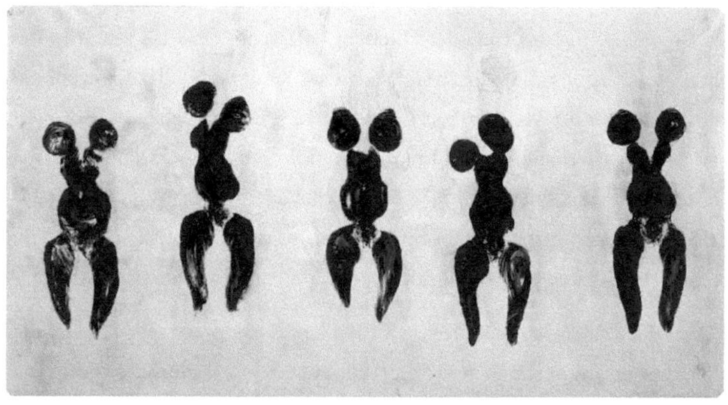

Abb. 2: Anthropométrie de l'époque bleue (ANT 82)

chester positioniert auf der anderen sitzt ein Publikum, aus mehreren Reihen, auf Stühlen, welche in die Richtung der senkrecht stehenden Leinwand gedreht ist, sodass die Blickrichtung jedes einzelnen Zuschauers in Richtung dieser zeigt. Drei nackte Damen streichen sich auf Anweisungen mit blauer Farbe ein. Klein selbst trägt einen schwarzen Anzug und weiße Handschuhe. Die Frauen bestreichen ihren ganzen Körper mit der Farbe, die aus Eimern entnommen wird. Auf Kommando, nämlich das Anheben eines Taktstocks des Künstlers, beginnt das Streichorchester aus 10 Personen einen monotonen Ton zu spielen. Das Zeichen gibt Yves Klein vor einem blauen, monochromen Bild, dass hinter ihm an einer Wand hängt. Anschließend beginnen die Frauen sich, wie „lebende Pinsel"[6], wie der Künstler sie beschreibt, auf Leinwänden zu drehen, setzen, drücken, legen und gegenseitig

---

[6] Internetquelle 6

zu ziehen. Durch die Bewegungen der Frauen entstehen Spuren auf den weißen Flächen, die mehr und mehr blau werden. Zu erkennen sind verschiedenste Formen. Es lassen sich, vor allem auf der Bodenfläche, große dicke Streifen, welche durch das gegenseitige Ziehen zustande kommen, aber auch kleine Punkte, die durch vom Körper abfallende Farbtropfen entstehen, erkennen. Auf der stehenden Wand gibt es weniger unterschiedliche Formen. Dort lässt Klein die Frauen sich nebeneinander an die Fläche drücken, was zu ähnlichen Strukturen führt. Eine Figur lässt sich grob in drei Teilabschnitte unterteilen.

Der obere Teil sind zwei, eng aneinander liegende, Kreise, welche die Brüste der Frau repräsentieren. Der Mittelteil hat eine oval ähnliche Form, welche nach unten hin breiter wird. Diese Formung spiegelt die Taille und die Hüfte der Person wieder. Der unterste Part zeigt die Beine. Diese sind auf dem Bild als zwei nebeneinanderliegende, längliche, ovale Körper zu sehen. Ihre Arme strecken sie in die Luft um die Wand nicht zu berühren. Auf dem fertigen Bild sind fünf Abrücke zu sehen, welche alle nach diesem Muster aufgebaut sind. Die drei Frauen, schmieren sich langsam und gemütlich mit der strahlenden Farbe am ganzen Körper ein. Die anschließende Performance dauert 20 Minuten, genauso lang wie der Ton des Orchesters, welches nach dieser Zeit abrupt aufhört zu spielen. Die ersten 20 Minuten sind als die Aufführung einer Produktion von Aktgemälden zu verstehen[7]. Daraufhin herrscht die gleiche Zeit lang Stille, damit die Zuschauer die Performance und das Werk auf sich wirken lassen können[8]. Die Aktion wurde gefilmt. Der Betrachter sieht die Performance seitlich. Hin und wieder schwenkt der Kameramann auf das Publikum, das Hauptziel sind aber die Darstellerinnen. Yves Klein bewegt sich die ganze Zeit im Raum, geht also auch mehrmals durch das Kamerabild. Er schaut sich jede Bewegung der Damen genau an und korrigiert sie gegebenenfalls. Jede kleinste Bewegung der Frauen wird registriert.

---

[7] Gilleßen 2012, S.2-4
[8] Internetquelle 7

Analyse

Die Idee mit nackten Körpern zu „malen" kam Yves Klein beim Judotraining. Dabei lag sein Gegner auf dem Boden und Klein registrierte den Körperabdruck den er hinterließ[9]. Alle drei, nie namentlich erwähnten, Damen sind von Beruf französische Modelle, welche Yves Klein engagiert hat[10].

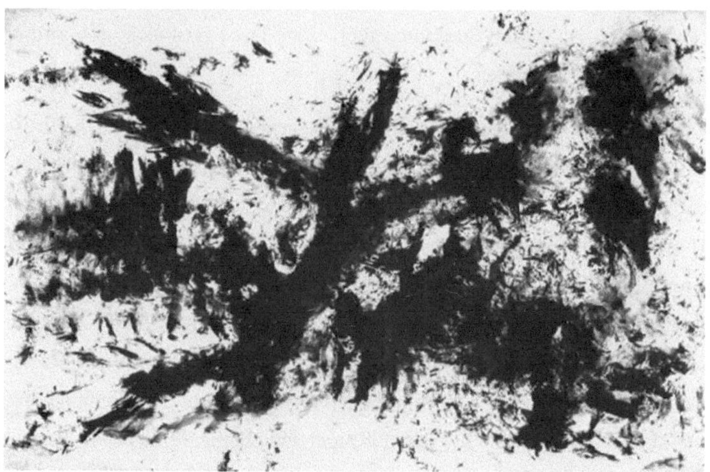

Ihre langsamen und seichten Bewegungen, beim Einstreichen der Haut erinnern an einen Waschvorgang, obwohl eigentlich genau Gegenteiliges erreicht wird. Anstatt die Haut zu reinigen, verschmutzen sie diese mit blauer Farbe, welche das für den Künstler charakteristische und von Klein selbst gemischte „international Klein blue" (IKB) ist. Das Ultramarineblau hat eine besonders starke Leuchtfähigkeit, da Yves Klein ein chemisches Mittel dazu gegeben hat, welches diesen Effekt herausstechen lässt[11]. Außerdem bekamen die Zuschauer während der Performance blaue Cocktails serviert. Diese färbten sogar den Urin des Betrachters in Kleins Ultramarineblau[12].

---

[9] Thompson 2006, S.262
[10] Internetquelle 8
[11] Internetquelle 9
[12] Internetquelle 10

Dazu spielte das zehnköpfige Orchester die monotone Symphonie Yves Kleins bei einer der ersten Aufführungen, in der heute sehr angesehenen Galerie Internationale d'Art Contemporain[13].

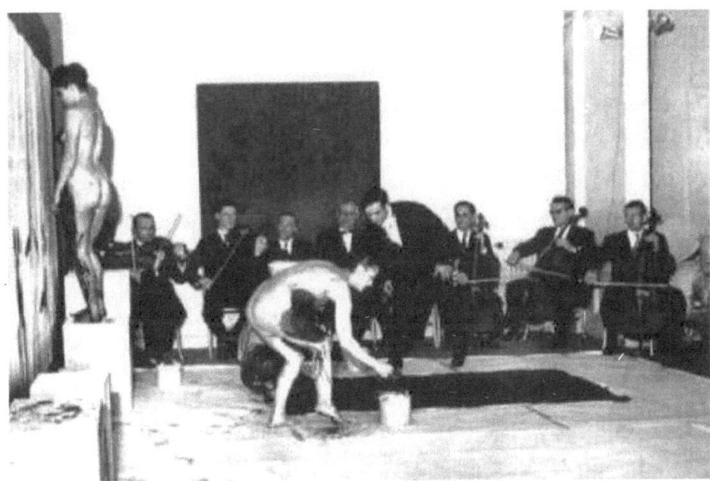

Abb. 4: Modelle schmieren sich mit Farbe ein

Obwohl Yves Klein die Anweisungen zu den Bewegungen der Modelle gibt, kann man die Ergebnisse auf den verschiedenen Bildern in zwei Teile gliedern. Das eine Bild sieht genau geplant und durchdacht aus, das andere wiederrum eher zufällig und wirr. Auf der Leinwand, die auf dem Boden ausgelegt war, sind die verschiedensten Formen zufällig entstanden. Das ist durch die groben Bewegungen, wie zum Beispiel das Wälzen auf dem Boden, zu begründen.

Das Ergebnis der stehenden Leinwand ist genau durchdacht. Schon bevor die Modelle den Raum betreten haben, standen an bestimmten Stellen vor der Leinwand weiße Blöcke auf die man heraufsteigen kann. Die Modelle bestrichen ihren Körper anfangs nur an den Körperteilen, welche sie auch an die Wand drücken wollten. Dies waren zuerst der Bauch, die Brüste und die Hüfte. Anschließend stiegen sie, nach Kleins Vorstellungen, auf die weißen Quadrate und pressten sich an die Wand, während sie ihren rechten Arm hinter dem Rücken versteckten und den linken über den Kopf hielten. An-

---

[13] Internetquelle 11

schließend wurde die Außenseite der Hüfte und des Oberschenkels und die Seite des Oberkörpers durch die Frauen bestrichen, damit sie sich kurz darauf seitlich an die weiße Wand drücken konnten. Dass aber auch bei der stehenden Wand der Zufall eine große Rolle spielt, erkennt man an zahlreichen Finger- und Schwammspuren.

Die zentralen Körperpartien wurden jeweils sehr unterschiedlich wiedergespiegelt. Die Form der Brüste, sowie der Oberschenkel der Damen wurden optimal erkennbar auf die weiße Fläche übertragen. Im Gegenteil zum Bauchbereich oder dem Brustkorb, welche jeweils wie herausgeschnitten erscheinen. [14]

Interpretation

Klein vertrat mit seinen Anthropometrien den Schöpfer-Mythos. Für ihn waren Künstler, die allein durch die Kraft der Worte ein Kunstwerk entstehen lassen konnten quasi göttlich. Yves Klein dirigierte seine Modelle genauso wie er es für richtig hielt und nicht wie sie sich gerne bewegen würden. Klein selbst hat während der kompletten Aktion nie selbst etwas auf die Leinwände gemalt und hätte das auch nicht gewollt, weil es dem Schöpfer-Mythos widersprochen hätte: „Diese lebenden Pinsel sind unter der ständigen Regie meiner Befehle [...] Ich selbst würde nie versuchen Farbe über meinen Körper zu schmieren [...]"[15].

Seine Aktion ist wie eine religiöse Zeremonie. Das Publikum ist während der gesamten Darstellung ruhig und wirkt nachdenklich, genau wie dies bei einem Gottesdienst der Fall ist. Dort gehen Gläubige oft nicht nur wegen der Verbindung zu Gott hin, sondern auch um zu ihrer inneren Ruhe zu finden und über essentielle Dinge im Leben nachzudenken. Dies schaffen sie oft auch durch die gespielten Töne der Orgel in der Kirche. Genau diese Ruhe kann das Publikum auch während Kleins Performance spüren. Vor allem in der zwanzigminütigen Stille nach der Aktion erinnert die Stimmung stark an einen Gottesdienst, beispielsweise während eines Gebets, in einer Kirche.

---

[14] Internetquelle 12
[15] Krieger 2007, S. 137

Im Gegensatz zur klassischen Aktmalerei, die im Atelier stattfand, holte Klein das Modell aus dem Atelier heraus. Nicht mehr der Künstler erschafft das Kunstwerk, sondern das Objekt selbst. Die Vorstellung des „Künstler-Genies" wird also ad absurdum geführt, da Klein ja nicht selbst malt, sondern nur Regieanweisungen gibt. Trotzdem lässt sich sagen, dass Klein die Geschichte des Akts weiter geprägt hat. Er erzählt in seinen Anthropometrien die Geschichte der Kunst und der Aktmalerei sowie bekannter Aktmaler wie Velazquez, Rubens oder Courbet, welche versuchten das Bild des weiblichen Körpers in verschiedensten Weisen darzustellen.

Klein wirkt in seinem Smoking aber eher wie ein Zeremoniemeister in einem nächtlichen Rotlichtviertel, da er seine selbstherrliche Vorstellung auslebt, als männlicher Schöpfer die nackten weiblichen Körper lenken zu können. In gewisser Weise werden die Damen sogar in ihrer Würde verletzt, da sie instrumentalisiert den Anweisungen einer anderen Person gehorchen müssen.

Außerdem ist die Aktion ein Bruch der Intimität der Modelle, da das Publikum nackte Frauen sieht, welche sich mit Farbe bestreichen. Dies erinnert, wie schon erwähnt, an einen Waschvorgang. Die Zuschauer fühlen sich quasi dabei ertappt, dass sie nackten Damen beim Waschen zusehen.

Die entstandenen Umrisse, die die Köpfe der Modelle nicht zeigen, erinnern auch an prähistorische, weibliche Figuren oder zerstörte Venus Statuen ohne Arme. Des Weiteren erzählen die Anthropometrien, mit ihrer Vielfalt, die Geschichte der Formen. Es lassen sich alle möglichen, größtenteils durch Zufall entstandenen, Formen, wie Kreise, Striche und Ecken, erkennen welche auch vor vielen Jahren schon natürlich entstanden sind.

Der Mensch ist in diesem Fall das Malmittel. Das Drücken von Farbe auf eine Oberfläche erinnert stark an einen Stempel. Klein benutzt die Modelle also als seine Stempel, die er benötigt um ein Kunstwerk zu erschaffen. Dies verstärkt erneut Kleins Vorstellung des Schöpfers der seine Malmittel, nämlich die Modelle, lenken und steuern kann.

Andererseits interessierte Klein weniger die Abstraktion an seinen monochromen Bildern und den Anthropometrien. Ihn beindruckte vielmehr die
Farbe und ihre Bedeutung[16]. Er mochte Linien nicht, da sie die menschliche
Sterblichkeit zeigen, weil sie ein Ende haben. Die Farbe fand er hingegen
natürlich und menschlich. Klein war der Meinung, dass die Linie den Raum
nur durchquert, die Farbe ihn jedoch füllt[17].

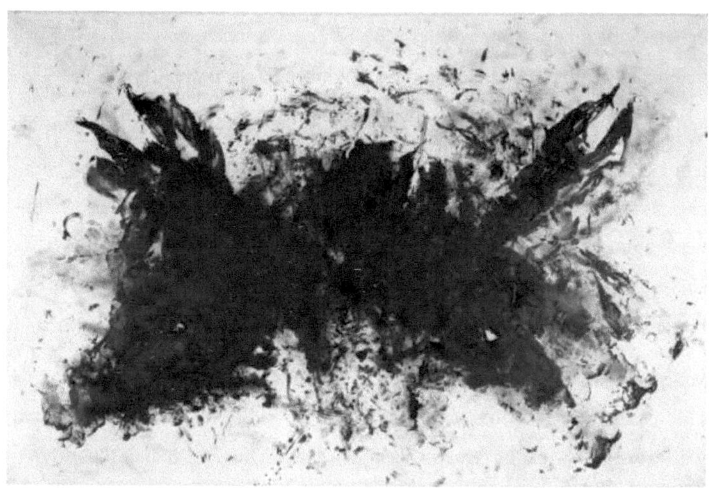

Abb. 5: zufällig entstandene Formen durch Bewegungen der Modelle

Zusätzlich lassen sich mehrere Kontraste im Bild erkennen. Bei erstem Hin-
schauen wirken Kreise, Striche, Punkte und Ecken ähnlich. Diese Kargheit,
die durch die Dichte der verschiedenen Formen entsteht, steht jedoch einem
riesigen Detailreichtum gegenüber. Bei genauerer Analyse erkennt man die
Einzigartigkeit jedes einzelnen Werkes, da bei jeder Bewegung andere Spuren entstehen, die so nicht voraussehbar und nicht zu wiederholen sind. Des
Weiteren ist die Aktion der Anthropometrien einerseits sehr abstrakt, andererseits aber auch sehr klar und anschaulich. Die Aktion ist im ersten Mo-
ment surreal für den Zuschauer, durch den monotonen Ton des Orchesters
und das freiwillige Einschmieren der Frauen mit Farbe. Dass die Frauen
nackt sind, verstärkt den Effekt der Abstraktion nochmal. Die Aktion ist

---

[16] Hahne 2013, S.264-265
[17] Internetquelle 13

jedoch auch sehr bildhaft. Die Ergebnisse sind sehr klar, wenn man den Prozess zuvor gesehen hat[18].

Die monotone Symphonie, die das Orchester spielt, unterstreicht einerseits die Unendlichkeit des durchweg leuchtenden Blaus. Andererseits steht sie auch im Widerspruch zu den zufälligen Bewegungen der Frauen auf dem Boden, die ein vielfältiges und abwechslungsreiches Bild entstehen lassen.

Der Begriff „Anthropometrie" ist die Lehre der Ermittlung und Anwendung der Maße des menschlichen Körpers[19]. Das Maß des Menschen und die Auseinandersetzung mit den idealen Körperproportionen hat viele Künstler, wie Vitruv oder da Vinci schon beschäftigt. Diese Künstler konstruierten die Körper meist, Klein benutzte aber Lebewesen, nämlich seine Modelle als Malmittel zum Abdrucken echter Körperproportionen. Somit müssten die Abdrücke eigentlich gegenständlicher aussehen als gemalte Bilder, da die Proportionen der Damen direkt übertragen werden. Dem ist aber nicht so, da die entstandenen Abrücke abstrahiert aussehen.

1960 tat sich eine Gruppe aus mehreren Künstlern, wie Daniel Spoerri, Jean Tinguely, Christo oder Nicki de Saint Phalle zusammen. Zu dieser gehörte auch Yves Klein. Was sie einte, war die Vorstellung vom Verhältnis zwischen Kunst und Realität. Anders als bei Duchamp und Dada wollte die Gruppe auf den Boden der Tatsachen zurückkommen und die Welt so wie sie war akzeptieren. Der 2. Weltkrieg war tief in den Menschen verankert. Viele hatten Kriegsverluste zu beklagen, mentale oder körperliche Schäden erlitten oder die komplette Existenz verloren. Somit herrschte in der Nachkriegszeit generell eine triste Stimmung. Um aber nicht daran zu verkümmern versuchten die Nouveaux Réalisten diese Stimmung aufzugreifen und sie, vor allem durch auffallend viele aktionistische Elemente, zu verbildlichen und so zu verarbeiten[20]. So auch Klein, der wie viele andere Künstler in der Nachkriegszeit, sein Publikum bewusst schocken wollte, um es zurück in die reale Welt zu holen und somit einen Aufwacheffekt erzeugen wollte.

---

[18] Internetquelle 14
[19] Internetquelle 15
[20] Schneede 2001, S. 204-205

Des Weiteren spiegeln Kleins Anthropometrien die Anfänge der Malerei wider. Schon in der Steinzeit malten Menschen verschiedenste Formen, Tiere oder auch menschliche Körper an Höhlenwände. All das machte Klein auch. Unterschiedliche Formen lassen sich offensichtlich erkennen. Die Abdrücke der Damen sehen krebsähnlich aus, somit hat er in gewisser Weise auch Tiere an die Wand gemalt. Der Raum in dem die Aktion stattgefunden hat war fensterlos und mit einer Höhle gleichzusetzen. Yves Klein wollte nicht explizit die Anfänge der Malerei durch den Menschen aufzeigen, jedoch stärken genau diese seine Vorstellung der Unendlichkeit, da sich die Menschheit über die Jahre in verschiedensten Hinsichten weiterentwickelt hat, jedoch die menschlichen Antriebe zu malen und dabei etwas zu vermitteln beziehungsweise zu erzählen immer noch vorhanden und somit quasi unendlich sind.

Anfang der Renaissance begannen die Menschen Ultramarineblau herzustellen. Dieses gewannen sie aus dem Halbedelstein Lapislazuli in einem aufwendigen Verfahren. Nach kleinen Beimengungen von Pyrit, einem Katzengold, bewunderten die Betrachter damals schon die Leuchtkraft der Farbe und bezeichneten sie als: „steingewordenes Abbild des Universums"[21].

Mit der Farbe Blau wollte Yves Klein das „Nichts" darstellen. Ihm reichte das „normale" Blau nicht. Er interessierte sich für das lange existierende Ultramarineblau und gab zu diesem noch Rhodopas, ein chemisches Bindemittel, welches die Farbe auf Papier noch leuchtender erscheinen ließ.

Als sein größtes Werk bezeichnet Klein den Himmel. Er begann Vögel zu hassen, da sie versuchten Löcher in „sein Werk" zu machen, indem sie unter dem Himmel fliegen[22]. Durch dieses Beispiel lassen sich Kleins Gedanken gut nachvollziehen. Er war fasziniert von der unglaublichen und einzigartigen Leuchtfähigkeit, die das Ultramarineblau hat, welche die Unendlichkeit, ihm nach, visualisiert. Kleine schwarze Punkte, welche über dem Himmel Vögel waren, zerstören diese Perfektion, da man die Höhe und Ferne des Blaus, des Himmels sieht. Sind die Vögel nicht da, könnte man auch meinen, das der Himmel in greifbarer Nähe, aber auch in unendlicher Ferne ist.

---

[21] Düchting 2010, S.30
[22] Internetquelle 16

Fazit und eigene Stellungnahme

Kunst ist laut Internet: „Das schöpferische Gestalten und Schaffen von Werken für das jmd. Begabung und ein bestimmtes Können braucht."[23]

Die Frage, ob Kleins Anthropometrien Kunst sind lässt sich einerseits mit der Definition des Begriffes „Kunst" beantworten. Klein gestaltete ein Werk das es zuvor noch nicht gegeben hatte. Um überhaupt auf die Idee zu kommen die Unendlichkeit in Abdrücken zu visualisieren, braucht es eine Begabung und ein bestimmtes Können. Der Definition nach ist Klein also eindeutig ein Künstler und seine Performance Kunst.

Andererseits ist Kunst für jeden unterschiedlich definiert. Für manche Menschen ist es unverständlich, wie Klein ein Künstler sein kann, wenn er während der kompletten Aktion selbst nichts getan hat und das Ergebnis nicht dem typischen Kunstbild, nämlich möglichst präzisen Nachbildungen von Menschen, Tieren oder Objekten, entspricht.

Die Frage was Kunst ist und wer sich als Künstler bezeichnen kann, muss also jeder für sich selbst beantworten. Ich persönlich finde es faszinierend wie viele Gedanken und Absichten, aber auch Interpretationsraum hinter der Performance der Anthropometrien zu finden ist. Es gab zuvor noch niemanden der ein vergleichbares Werk erschaffen hat, somit ist die Aktion einzigartig und auch nicht zu wiederholen, da der Zufall während der Performance eine große Rolle gespielt hat und genau das ist für mich der Indikator der Kunst und eines Künstlers. Das Erschaffen von Werken welche einzigartig sind und im Betrachter eine Reaktion auslösen, die von Mensch zu Mensch unterschiedlich ausfallen kann.

---

[23] Internetquelle 17

Abbildungsverzeichnis

Literaturverzeichnis

Internetquellen:

1. http://www.madame.de/yves-klein-blau-727232.html   (Stand: 29.08.2016)
2. https://www.brandeins.de/wissen/mck-wissen/qualitaet/ins-blaue-hinein-yves-klein/ (Stand: 28.08.2016)
3. http://www.kunstwissen.de/fach/f-kuns/b_mod/klein0.htm (28.08.2016)
4. http://www.musikwerke-bildender-kuenstler.de/de/k09.html (Stand 24.06.2016)
5. http://www.artep.net/kam/symphony.html (Stand 23.06.2016)
6. http://www.brandeins.de/wissen/mck-wissen/qualitaet/ins-blaue-hinein-yves-klein/ (Stand: 23.06.2016)
7. http://www.kunstwissen.de/fach/f-kuns/b_mod/klein0.htm (Stand: 23.06.2016)
8. http://www.yveskleinarchives.org/documents/bio_us.html (Stand 30.8.2016)
9. http://www.seilnacht.com/Lexikon/Ultramar.htm (Stand: 28.8.2016)
10. https://zeynepkinli.wordpress.com/2009/05/15/825/ (Stand 30.8.2016)
11. http://www.braeuningcontemporary.com/blog/?p=9902 (Stand 30.8.2016)
12. http://www.eduhi.at/dl/KLEIN-YVES.PDF (Stand 30.8.2016)
13. http://www.kunstwissen.de/fach/f-kuns/b_mod/klein0.htm (Stand: 1.9.2016)
14. file:///D:/W-Seminar/04%20Notizen/Anthropometrien.PDF (Stand 1.9.2016)
15. http://ernaehrungsdenkwerkstatt.de/grundsaetze/inhalts-elemente/methoden/zustandsmethoden/anthropometrische-messungen.html (Stand 14.9.2016)

16. https://www.brandeins.de/wissen/mck-wissen/qualitaet/ins-blaue-hinein-yves-klein/ (Stand: 28.9.2016)

17. https://www.google.de/webhp?sourceid=chrome-instant&ion=1&espv=2&ie=UTF-8#q=kunst%20definition (Stand 29.10.2016)

Literatur:

1. Gilleßen, Maximilian: Die Erweiterung des Kunstbegriffs als Reflexion über das Verhältnis von Kunst und Arbeit: am Beispiel von Yves Kleins ´Antrhropometries des l'époque bleu' und Jospeh Beuys' `I like America and America likes me'. 30.5.2012

2. Thompson, Jon: Moderne Malerei. Die Bilder der Maler der Moderne entschlüsseln und verstehen. 2006 Gent-Amsterdam

3. Krieger, Verena: Was ist ein Künstler. Genie-Heilsbringer-Antikkünstler. Köln 2007.

4. Hahne, Robert(Hrsg.): Kammerlohr Epochen der Kunst. Von der Moderne zu aktuellen Tendenzen. München 2013.

5. Schneede, Uwe: Die Geschichte der Kunst im 20. Jahrhundert. Von den Avantgarden bis zur Gegenwart. München 2001.

6. Düchting, Hajo: Farbrausch. Die Farbe in der Malerei. 2010.